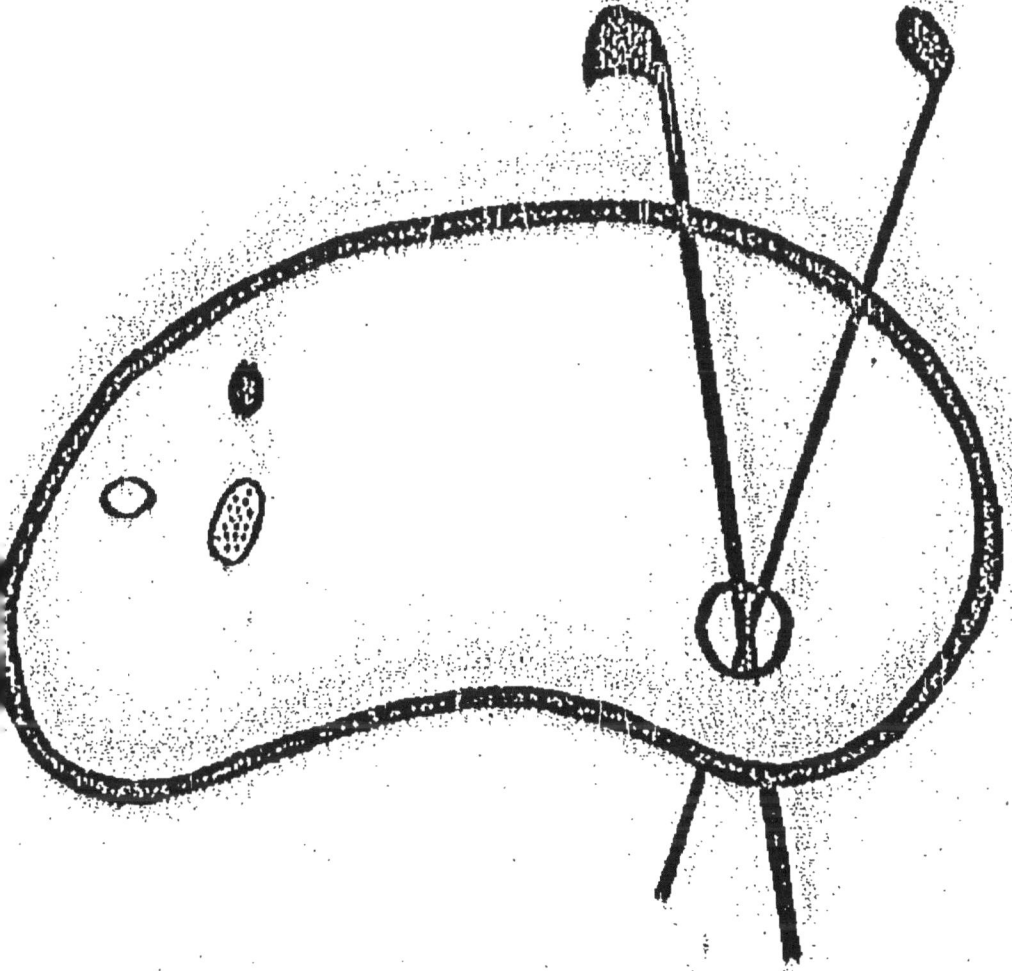

DEBUT D'UNE SERIE DE DOCUMENTS
EN COULEUR

LES DIFFICULTÉS ALGÉRIENNES

LA QUESTION

DE

LA SÉCURITÉ

INSURRECTIONS — CRIMINALITÉ

PAR

Camille SABATIER,

ANCIEN MAGISTRAT, ADMINISTRATEUR DE COMMUNE MIXTE

ALGER

ADOLPHE JOURDAN, LIBRAIRE-ÉDITEUR

4, PLACE DU GOUVERNEMENT, 4

1882

ALGER. — TYPOGRAPHIE ADOLPHE JOURDAN.

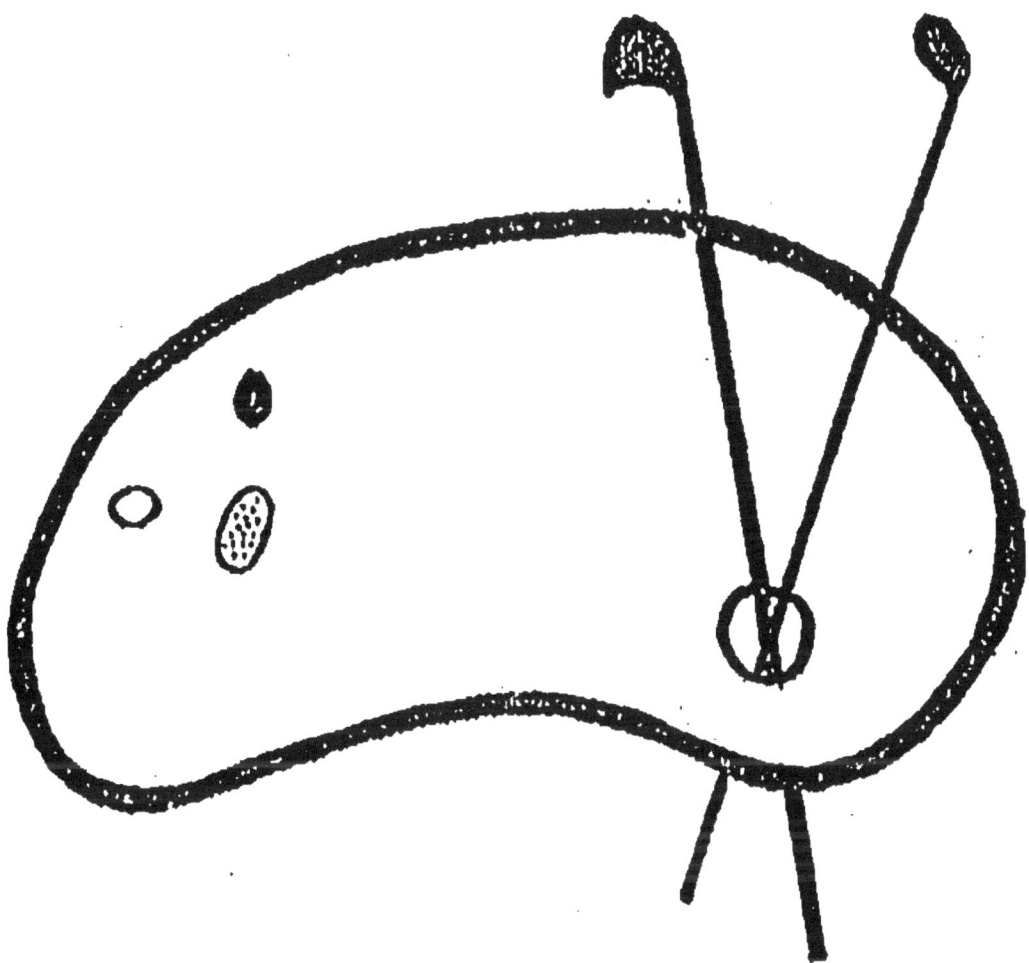

FIN D'UNE SERIE DE DOCUMENTS
EN COULEUR

LA QUESTION

DE

LA SÉCURITÉ

LES DIFFICULTÉS ALGÉRIENNES

LA QUESTION

DE

LA SÉCURITÉ

INSURRECTIONS — CRIMINALITÉ

PAR

Camille SABATIER,

ANCIEN MAGISTRAT, ADMINISTRATEUR DE COMMUNE MIXTE

ALGER

ADOLPHE JOURDAN, LIBRAIRE-ÉDITEUR

4, PLACE DU GOUVERNEMENT, 4

1882

La question de la sécurité en Algérie doit être envisagée différemment, soit qu'on se préoccupe des attentats commis par les indigènes contre la chose publique et l'autorité de la France, soit qu'il s'agisse de prévenir ou réprimer les crimes et délits commis contre les particuliers. Nous verrons, en effet, dans le cours de cette étude, que ces deux ordres de faits, actes insurrectionnels ou attentats contre les personnes, diffèrent quant au mobile qui les inspire et aux moyens propres à les réprimer et à les prévenir. Toutefois, il est bien évident qu'il y a entre eux une connexité manifeste. C'est dans les bandes des voleurs et des criminels vulgaires que se recrutent les agents les plus actifs des insurrections; et c'est aussi par une recrudescence de crimes et délits contre les particuliers que s'accusent les débuts d'une période insurrectionnelle. Aussi pour procéder avec logique, devrons-nous d'abord nous occuper de la sécurité des particuliers et n'aborderons-nous qu'après avoir épuisé ce sujet la question des insurrections algériennes.

LA QUESTION

DE

LA SÉCURITÉ

INSURRECTIONS — CRIMINALITÉ

CHAPITRE PREMIER

Crimes et délits contre les personnes

*Quels sont les mobiles habituels des crimes et délits
commis contre les particuliers?*

§ 1er. — En Algérie comme en tous pays, la misère
est la cause la plus active de la criminalité. Les populations arabes et kabyles y sont sujettes quoique d'une
manière bien inégale. Chez les premières, la famine est
beaucoup plus fréquente et beaucoup plus horrible. Il
suffit, pour la provoquer, que l'année soit exceptionnelle-
ment sèche. En effet, l'Arabe n'a d'autres ressources que
les céréales et l'élève du bétail. En tarissant les sources,
en desséchant prématurément les pâturages, en portant
obstacle à la germination des semailles ou à leur crois-

sance, la sécheresse a pour effet de priver l'Arabe en
même temps de tous ses moyens d'existence, et la
famine ne tarde pas à éclater avec son cortège habituel :
le choléra et le typhus. C'est généralement au cœur de
l'hiver qui suit la récolte perdue que le fléau sévit avec
la plus grande intensité. Émaciés par des privations de
plusieurs mois, les rares troupeaux qui ont résisté à la
faim succombent aux premiers froids des hauts pla-
teaux. L'homme lui-même subit les atteintes débilitantes
du froid ; la dyssenterie lui enlève le peu de forces qui
lui restent et jusqu'au courage de défendre son existence contre les étreintes de la faim. Alors éclatent
d'épouvantables mortalités, telles que celles de 1867,
dont le souvenir est encore si près de nous. Chez les
Kabyles, au contraire, la misère n'arrive jamais jusqu'à
la famine. Leurs cultures sont multiples : blé ou orge
dans les vallées, bechna dans les terres profondes,
oliviers, figuiers, pois et fèves dans la montagne. Les
moindres ondées de printemps ou d'automne sont uti-
lisées, grâce à cette variété de cultures, et il est fort
rare que toutes les récoltes viennent en même temps à
manquer. D'ailleurs les Kabyles ont encore une dernière
ressource dans le chêne à gland doux ; dans les années
de misère, la majeure partie de la population ne se
nourrit que de glands. En outre, plusieurs tribus s'a-
donnent au colportage et à quelques industries parti-
culières. Enfin, un grand nombre de travailleurs kabyles
vont, chaque année, offrir leurs bras aux colons européens des plaines. La résistance du peuple kabyle à la
misère est telle, que durant l'année 1867, il n'est pas à
notre connaissance qu'un seul cas de mort par la faim
ait été signalé dans la Grande Kabylie, tandis qu'au
contraire, la famine décima près du tiers de la population en territoire arabe.

Qu'il me soit permis, pour faire apprécier avec quelle
intensité la misère engendre la criminalité, de rapporter
ici un souvenir personnel.

C'était à la fin de l'hiver de 1877. De nombreux vols commis dans la région de Mila, où j'étais juge de paix, paraissaient avoir fréquemment pour auteurs ou complices certains indigènes appartenant à une déchera située à peu de distance du village. Je résolus de faire, dans ce petit centre indigène, une perquisition complète et requis, à cet effet, vingt hommes de la garnison. Dans la soixantaine de gourbis qui furent successivement fouillés, je ne trouvai aucune provision alimentaire, si ce n'est un petit sac d'orge dans l'un d'eux, et, dans les autres, des tas de kérioua. On appelle ainsi les racines de l'Arum sauvage. Ces malheureux, après avoir passé au feu ces bulbes, les écrasaient, les lavaient à plusieurs eaux puis les faisaient bouillir et s'en nourrissaient. Je sais, par expérience, qu'un européen ne peut goûter de pareils mets sans être pris de vomissements et de douleurs d'entrailles. Depuis deux mois le kérioua était la nourriture presqu'exclusive de la population pauvre de cette région.

Qui ne comprend qu'en pareille occurrence il n'existait plus de moyens soit de prévenir, soit de réprimer les vols, et que la justice elle-même pouvait se demander s'il était légitime de frapper ceux que la faim rendait inconscients de leurs actes ?

§ 2. — La deuxième cause réside dans le plus ou moins de moralité des populations indigènes qui, à cet égard, se différencient profondément entre elles. Certaines tribus se font véritablement un honneur de leurs habitudes de vol, et nous trouvons ce singulier préjugé non seulement dans certaines tribus algériennes, mais encore dans certaines autres appartenant à divers états de l'Afrique septentrionale. Chez les tribus nomades du Sahara, une expédition ayant le vol pour mobile rapporte autant d'honneur qu'une expédition militaire, et, le plus souvent même, il est impossible de distinguer la seconde de la première, tant sont identiques, dans les deux cas, les procédés d'exécution. Les Rlemna, sur l'oued Messaoura, les ouled Djérir et les Beni-Guill, dans le Sahara marocain, ont la réputation d'être spécialement adonnés au vol. Dans la province de Constantine, les indigènes accusent généralement un penchant au vol beaucoup plus prononcé que dans les deux autres provinces. Par contre, les Kabyles de la grande Kabylie accusent, de ce chef, une moralité beaucoup plus élevée. Les vols y sont extrêmement rares, surtout dans les parties montagneuses.

On s'explique par l'histoire ces différences morales dans les diverses fractions de la population indigène. La Kabylie doit sa moralité plus élevée à ce que chaque Kabyle est plus ou moins propriétaire et à ce que, de père en fils, les propriétés se sont transmises régulièrement, depuis plusieurs siècles, sans avoir eu rien à craindre des conquérants étrangers. Au contraire, les tribus qui ont souffert de maintes invasions, qui se sont vu ravir leurs biens, ont subi les horreurs de la misère, n'ont eu d'autres ressources que le vol et ont dû fatalement en contracter l'habitude. On conçoit que le vol ait été considéré bientôt comme légitime et même comme honorable. Lorsque toute résistance en masse contre l'envahisseur était devenue impossible, le vol et les assassinats isolés restaient comme la dernière manifestation de l'esprit d'indépendance, et le chef de bandits devenait presque un héros.

Ceci nous amène à observer combien le séquestre qui a si considérablement diminué en pays kabyle le nombre des petits propriétaires et qui a créé de toutes pièces des tribus de prolétaires, a favorisé le développement de la criminalité chez les indigènes. L'ancien propriétaire évincé s'est senti pris d'une haine instinctive contre le colon qui détient aujourd'hui son ancien patrimoine. D'autre part, prolétaire aujourd'hui lui qui était propriétaire hier, l'indigène comprend qu'il n'a plus rien à perdre. Il cultivait volontiers la terre qui lui appartenait; désormais le travail mercenaire sur la terre d'autrui lui sera pénible et douleureux. De travailleur il se fera voleur. Aussi la criminalité est-elle beaucoup plus élevée dans les régions que le sequestre a ouverte à la colonisation. Et c'est ainsi qu'une fois de plus se constate la complexité des questions algériennes. Aucune mesure n'y est sans danger, quelle qu'elle soit; et celles que l'opinion publique a accueillies avec le plus de faveur sont souvent celles dont les contre-coups et les lointaines conséquences sont les plus funestes.

§ 3. — Souvent les penchants vicieux resteraient à l'état latent dans les natures perverses, si la répression de leurs manifestations en était assurée. Aussi, faut-il compter l'absence effective de répression parmi les causes actives du développement de la criminalité.

Bien loin de moi la pensée de faire le procès aux divers services qui ont mission d'assurer la répression des crimes et des délits; le service judiciaire et les services auxiliaires font assurément tous leurs efforts pour remplir la lourde tâche qui leur incombe. La faute en est non aux magistrats, mais aux lois qu'ils sont chargés d'appliquer, à la nature des peines qui sont prononcées, aux règlements intérieurs de nos établissements pénitentiaires, enfin, à cet ensemble de textes législatifs qui, excellents peut-être pour la France, — beaucoup en doutent et des meilleurs esprits, — sont, à coup sûr, détestables en Algérie.

Que le lecteur se rappelle les pauvres gens au kérioua, dont je parlais dans le premier paragraphe de ce chapitre : croit-il qu'à ces misérables, la perspective de six mois de prison eût de quoi faire peur ? Son taudis enfumé, enfiévré et puant, par le seul fait de sa condamnation, l'indigène le troquera contre une cellule propre et sûrement plus aérée. Il aura ses heures de récréation, au grand soleil, dans la cour commune, une nourriture qui lui paraîtra délicieuse et remarquablement abondante, en comparaison de celle du gourbi; et, quand il sortira, pour peu que le vol commis l'ait été avec audace, il sera, dans son douar, non plus le premier venu, mais presque un personnage. Trop de gens lui feront un mérite de sa condamnation, et peut-être son titre de victime des roumis lui vaudra-t-il une certaine influence. Désormais rassuré sur le régime des prisons, il pourra sans crainte recommencer ses méfaits.

Or, pour arriver à infliger à cet indigène ces malheureux six mois de prison, il n'aura fallu rien moins que :

1° Le rapport d'un chef indigène ou le procès-verbal d'un agent français;

2° Une longue instruction faite, le plus souvent, par un juge de paix qui aura fait venir, souvent à de grandes distances, une plus ou moins grande quantité de témoins;

3° La révision du dossier par un juge d'instruction;

4° Une audience publique du tribunal correctionnel, parfois suivie d'un appel et d'un arrêt de Cour ;

5° Enfin, l'existence d'une coûteuse maison pénitentiaire et d'un service spécial.

Notre voleur aura donc occupé successivement: un agent indigène ou français, les gendarmes chargés de l'arrestation, un juge de paix avec son personnel de greffier et d'interprète, de nombreux témoins, un gardien de geôle municipale, le procureur de la République, le juge d'instruction, des témoins cités à nouveau, les membres du tribunal et parfois ceux de la Cour, enfin, tout le personnel de l'établissement chargé de lui assurer le vivre et le couvert.

En tenant compte d'une part proportionnelle au nombre des délits punis, des coupables arrêtés, etc., dans les frais généraux des services de la justice répressive, de la police et des établissements pénitentiaires, ainsi que des frais spéciaux de chaque procès, sommes-nous bien loin de la vérité en assurant que chacun des mois de prison infligés, — le terme est assurément trop fort, — à l'indigène coupable, coûte au moins cent francs à l'État ?

Ne pourrait-on faire mieux et à meilleur compte ? N'ai-je pas le droit de penser que la peine de la prison est illusoire, qu'elle laisse indifférents le plus grand nombre des condamnés, et qu'ainsi la répression n'est qu'apparente ? Ce n'est pas un des moindres côtés de la question de sécurité, et il est triste de penser que de bons esprits ont pu se demander si, dans l'état actuel des lois, il y avait intérêt réel à ce qu'une instruction aboutît et qu'un coupable fût découvert.

Le reproche qui doit être fait aux maisons d'arrêt est moins fondé en ce qui concerne les maisons centrales, où le régime est plus sévère et le travail imposé. Par contre, Cayenne et la Nouvelle-Calédonie inspirent à nos indigènes une terreur justifiée. Mais les condamnations de ce genre sont si rares !

Si pourtant, nous nous en rapportons à notre Code, il semble que les condamnations pour crimes devraient être fort nombreuses. À ne s'en tenir qu'aux vols, n'est-il pas certain que la très grande majorité de ceux qui sont commis par les indigènes le sont avec l'une ou l'autre des circonstances aggravantes prévues par l'article 386 du Code pénal ? Les vols de bestiaux, notamment, sont toujours commis la nuit, par deux ou plusieurs personnes avec port d'armes apparentes ou cachées, et le plus souvent avec effraction. Dès lors, la peine à appliquer devrait être celle des travaux forcés. Mais à cela existe une difficulté majeure : c'est que les peines afflictives et infamantes ne peuvent être prononcées que par la Cour d'assises et qu'en renvoyant devant celle-ci tous les méfaits que la loi pénale française qualifie de crimes, l'encombrement deviendrait tel, que dût la Cour siéger en permanence, elle n'écoulerait pas la dixième partie du rôle annuel. La charge du jury est déjà terriblement lourde en Algérie, et lourde aussi la charge des parquets généraux ; et pour ne pas aggraver l'une et l'autre au delà du possible, force est, sur cent crimes, d'en correctionnaliser quatre-vingt-dix-neuf (j'affirme par expérience que la proportion n'est pas exagérée) et de substituer, du même coup, à une répression effective et salutaire, le simulacre d'une répression, la bénigne prison correctionnelle.

§ 4. — Mais ce n'est pas assez que la prison constitue ainsi une vaine répression, et ne produise aucun des bons effets qu'on pouvait en attendre ; il faut encore qu'elle soit, par elle-même, un danger et des plus grands. Dans les entretiens de la cour commune, assassins et voleurs, faussaires et escrocs de toutes sortes organisent une sorte d'école mutuelle du vice et du crime ; ils créent entre eux des associations de région à région ; organisent des bandes ; s'assurent des lieux de recel ; des retraites sûres ; de faux témoins à décharges en cas de malheur et, leur peine finie, ne se quittent, le plus souvent, qu'en se disant au revoir. Ils se retrouveront, en effet, bientôt, soit qu'il s'agisse de commettre quelque assassinat dans une ferme, soit qu'il s'agisse de donner le signal d'un mouvement insurrectionnel. Si les crimes et les délits vont en augmentant, c'est surtout à cause de l'audace croissante des repris de justice, audace due à la perversité plus grande qu'ils ont acquise en prison.

Ainsi les principales causes des crimes et des délits commis par les indigènes contre les particuliers sont-elles au nombre de quatre, qui sont : la misère, le penchant naturel au vol, l'absence de répression et la promiscuité des prisons.

Quelques esprits superficiels ont cru trouver dans le fanatisme un autre mobile actif. Cette opinion est erronée. Pendant dix ans durant lesquels, à un titre quel-

conque, avocat ou magistrat, j'ai pris une part active à
l'œuvre de la justice répressive, je n'ai rencontré qu'un
seul cas dans lequel le fanatisme religieux a été le mobile
supposé. Il en est différemment, au contraire, en ce qui
touche les mouvements insurrectionnels, dans lesquels
le fanatisme joue un rôle important. La raison en est
simple : c'est que, dans la très grande majorité des individus, le fanatisme religieux ne se réveille que sous
l'influence des prédications maraboutiques, faites avec
grand apparat, de manière à frapper fortement les
esprits. Or, les marabouts n'ignorent pas le danger auquel les exposent ces bruyantes manifestations extérieures, et ne s'y risquent-ils que lorsqu'ils veulent
obtenir un résultat digne de l'effort, c'est-à-dire l'insurrection.

Nous avons dit plus haut que la question de la sécurité
politique était, en Algérie, connexe à celle de la sécurité
privée. C'est pour affirmer cette connexité que nous
étudierons ces deux questions parallèlement, et c'est
pourquoi nous allons consacrer le chapitre suivant à
l'examen des causes générales qui engendrent les mouvements insurrectionnels.

CHAPITRE II

Insurrections

Des causes qui provoquent ou facilitent les mouvements insurrectionnels.

§ 1er. — Nous avons vu la misère et notre déplorable système de répression favoriser le recrutement de l'armée des malfaiteurs. A côté de ceux-ci, nous trouvons en maints endroits une nouvelle catégorie d'individus dangereux ou qui, du moins, peuvent le devenir : c'est celle des victimes.

En remplaçant les Turcs en Algérie, il faut bien nous avouer que nous n'avons fait trop souvent que les copier. Je ne m'appesantirai pas sur ce sujet, ne voulant pas m'exposer à sortir de la réserve que je me suis imposée. D'ailleurs, les excès des chefs indigènes auxquels je fais allusion, exactions ou abus de pouvoir, tendent de jour en jour à devenir plus rares, grâce à l'esprit de contrôle qui inspire l'administration civile. D'ailleurs le personnel de celle-ci, étant plus nombreux que celui de l'administration militaire, a pu réaliser un progrès réel en prenant en main l'administration directe des populations, et en se dispensant de l'intermédiaire

jusqu'alors obligé des chefs indigènes. Qu'on relise les débats de l'Insurrection de l'Aurès ; qu'on recherche les confidences des vieux Algériens, administrateurs ou non, et je ne doute pas qu'on soit bientôt pleinement édifié. J'ai, quant à moi, la ferme conviction que la majeure partie des insurrections, en pays berbère, n'ont été que l'explosion de rancunes et de haines, une protestation à main armée contre les exactions de nos agents.

Je passe sans plus m'arrêter sur ce douloureux sujet, certain que je suis, d'ailleurs, que l'avenir ne verra plus se renouveler à cet égard les fautes du passé.

§ 2. — Je viens de dire que la majeure partie des insurrections en pays berbère, ont été provoquées par des exactions des chefs indigènes ; je dois ajouter aussi que certains agissements, d'ailleurs très réguliers, de nos administrations et l'application de nos règlements ont contribué trop fréquemment à augmenter cette somme de mécontentements et de rancunes qui provoquent les insurrections, surtout en pays berbère. Mais avant de développer cette proposition, il est indispensable, pour qu'aucune confusion n'existe dans l'esprit du lecteur, de déterminer ici la radicale différence qui existe, à ce point de vue, entre Berbères et Arabes.

Musulman convaincu, l'arabe doit aux idées religieuses qui, depuis des siècles, ont imprégné sa race, de vivre presqu'inconscient de lui-même, indifférent à ce qui se passe autour de lui, et comme à demi endormi ; profondément fataliste, il explique par les décrets divins aussi bien les actions de l'ordre privé que les grands événements politiques ou les phénomènes naturels. Il voit en toute chose une manifestation de la volonté divine, et cette origine commune donne, en quelque sorte, à tout ordre de phénomène une commune légitimité. Toutefois, par dessus les événements que le temps déroule, à travers les révolutions, les invasions et les

catastrophes, l'arabe garde une foi aussi vivace aujour-
d'hui qu'elle a dû l'être aux premiers jours de l'Islam : la
foi dans le triomphe définitif du Croissant dans l'avène-
ment de l'heure. Et c'est ce qui explique cette indifférence de l'Arabe à tout ce qui se passe autour de lui. En
attendant l'heure du triomphe définitif, l'heure dont Dieu
seul s'est réservé le secret, c'est à peine si l'Arabe veut
bien se donner la peine de vivre. Il s'est fait de la rési-
gnation une habitude ; et sans doute trouverait-on dans
cette indifférence aux choses humaines, provoquée par
l'exaltation des espérances religieuses, le secret de la
continuité, durant douze siècles, du régime féodal si
oppressif pourtant, et si lourd aux masses.

L'Arabe ne proteste pas contre ce qui se passe autour
de lui. Contre l'oppression, contre l'arbitraire, contre la
douleur, il ne proteste pas et c'est à peine si, quand la
mesure de ses maux est comble, il ose regretter que le
maître de l'heure, celui qui doit le délivrer, le rédimer,
soit si lent à venir.

Notre domination fut accueillie par lui comme l'avait
été celle des dynasties berbères et celle des Turcs. Il
était écrit que le mal aurait son temps. Il était écrit que
pour mieux éprouver sans doute les croyants, Dieu
permettait qu'ils eussent à subir la domination de l'infi-
dèle. Et c'est pourquoi, du jour où fut démontré aux
Arabes que la force, ce signe de Dieu, était avec nous,
la légitimité de notre domination fut admise, en tant
toutefois qu'elle n'obligeât pas les fidèles à désobéir au
Coran. Comme autrefois Attila pour nos pères, nous
fûmes et nous sommes encore pour l'Arabe le fléau de
Dieu ; mais notre domination ne saurait avoir qu'un
temps. L'heure viendra du triomphe du croyant : heu-
reux seront ceux qui auront vécu jusqu'à ce qu'arrive
cette heure.

J'ai dit que ce qui constatait l'appui divin, à qui nous
devions notre triomphe temporaire, c'était notre force,
car toute force vient de Dieu ; et qui peut être fort contre

la volonté de Dieu? Et c'est pourquoi la diminution de
notre force sera, pour le croyant, le signe que Dieu se
retire de nous. Alors il se rappellera ce verset, 29° du
chapitre 9 :

« Faites la guerre à ceux qui ne croyent point en Dieu
» ni ne regardent point comme défendu ce que Dieu et
» son apôtre ont défendu, et à ceux d'entre les hommes
» des Écritures qui ne professent pas la croyance de la
» vérité. Faites-leur la guerre jusqu'à ce qu'ils payent
» le tribut, tous sans exception, et qu'ils soient humi-
» liés. »

Et ailleurs :

« Tuez les infidèles partout où vous les trouverez et
» chassez-les d'où ils vous ont chassés. »

. . . .

. . . .

. . . .

« Mettez donc sur pied toutes les forces dont vous
» disposez et de forts escadrons, pour en intimider les
» ennemis de Dieu et les vôtres, et d'autres encore que
» vous ne connaissez pas et que Dieu connaît. Tout ce
» que vous aurez dépensé dans la voie de Dieu vous
» sera payé et vous ne serez point lésés. »

La force, telle est donc notre raison d'être. Et si, par
un acte quelconque nous faisons douter de notre force,
par cela même, nous ouvrons la porte aux espérances
fanatiques qui invitent à l'insurrection. Or, l'Arabe ne
comprend pas la force en dehors de l'abus de la force,
surtout quand il s'agit de rapports entre croyants et
infidèles. Habitué de tout temps au régime féodal, il est,
par cela même, habitué à l'arbitraire et à la violence.
S'il a quelques notions de la justice entre individus, il
n'en a aucune de la justice politique et sociale ; et il a

conscience que s'il était le dominateur et non le dominé, son joug serait dur sur nous. Aussi, au lieu de nous savoir gré des allégements que nous apportons à notre domination, n'en devient-il que plus ardent à nous combattre, parce qu'incapable d'attribuer notre mansuétude à un sentiment de justice, il ne la considère que comme un indice de notre faiblesse. Le sentiment de sa force lui revient à l'instant et, avec lui, le souvenir de cette sourate :

« Ne montrez point de lâcheté et n'appelez point les » infidèles à la paix, quand vous êtes les plus forts et » que Dieu est avec vous. »

Toute notre politique doit consister donc, vis-à-vis de l'Arabe, à bien affirmer que la force est bien non de son côté, mais bien du nôtre, et du même coup, que Dieu est avec nous et non avec lui. Ayons soin d'affirmer cette force par des manifestations éclatantes, énergiques et répétées, par des répressions implacables, dussions-nous parfois, à la nécessité d'être forts et de le paraître, sacrifier nos sentiments de générosité. Plus nous serons durs, oppressifs et implacables et plus les Arabes seront, en face de nous, indifférents et résignés.

En face de l'Arabe, le Kabyle est tout autre. Tout d'abord le Coran, il ne le connaît pas et ne l'a jamais connu. En de nombreuses régions, il n'en connaît ni les règles ni même la langue, et ses coutumes, ses kanouns ne s'inspirent aucunement de ses prescriptions. Toute sa foi islamique se borne à la prononciation d'une formule banale : « Dieu est Dieu et Mohamet est le prophète » de Dieu. » Quant à sa morale, à son droit, à la constitution de sa famille, à celle de la propriété, à sa conception de l'ordre politique et de la justice sociale, le Coran y est resté complètement étranger. Esprit particulièrement positif, le Kabyle se défend des considérations métaphysiques et des conceptions surnaturelles. Il croira volontiers à toutes les traditions religieuses, mais de la même façon seulement que les enfants se plaisent aux contes des fées, sans y attacher d'autre importance, et sans y rechercher le moins du monde les principes de la morale individuelle ou sociale.

Aussi, tandis que l'Arabe explique tout par des causes divines, le Kabyle n'explique rien que par les causes humaines, si ce n'est peut-être quelques maladies d'aspect étrange, comme l'épilepsie et la fureur. En philosophie il est essentiellement utilitaire, et, sans en avoir d'ailleurs une conception claire, admet, pour unique principe du bien, l'utilité générale. Aussi un gouvernement n'est-il légitime à ses yeux qu'autant qu'il apporte une somme déterminée de paix, de liberté et de richesse. Peu lui importent les sentiments d'autrui en matière religieuse, et peu lui importe la croyance officielle de celui qui le commande. Essentiellement jaloux de son indépendance communale, chaud partisan de la liberté individuelle, ardent au travail et à l'épargne, passionné pour son sol et sa propriété, le Kabyle nous reproche de lui avoir pris une partie de sa terre et d'avoir enrayé le jeu de ses franchises communales. En retour il nous sait gré de la sécurité que nous assurons à ses innombrables colporteurs, du mouvement commercial que nous avons développé en Algérie et dans lequel il sait se faire une large part, de la ligne ferrée qui s'approche de plus en plus de son pays et de l'instruction que nous lui promettons. Ceci est positivement en train de nous faire pardonner cela. Ceci est vrai du Kabyle de la Grande Kabylie et cesse déjà de l'être à Tizi-Ouzou. D'ailleurs, entre l'Arabe pur et le Kabyle pur il existe une série de dégradations qui rendent impossible une classification rigoureuse des populations indigènes. J'ai indiqué seulement les deux types extrêmes ; la majeure partie des groupes indigènes oscille entre les deux.

Nous sommes, en ce moment-ci, pour le Kabyle, un curieux sujet d'étude. Serons-nous la liberté, la justice, la sécurité et la richesse, nous serons l'autorité légitime et respectée ; serons-nous l'oppression, l'arbitraire, l'appauvrissement, nous serons l'ennemi. Aussi telle est la différence entre les deux peuples, arabe et kabyle, qu'elle nous impose un mode d'administration et de domination absolument différents, et que si, contre la haine fanatique et implacable de l'Arabe, nous ne pouvons que nous efforcer d'être forts, en face du Kabyle au contraire, si dégagé de préjugés de race et de religion, nous devons justifier notre domination à force d'être justes.

Ceci exposé, il est facile au lecteur de comprendre combien délicate est l'œuvre de l'administration en Algérie, et avec quel souci la législation spéciale à ce pays doit s'inspirer des circonstances de temps, de lieu et de race. Des deux éléments si disparates qui composent ce qu'on est convenu d'appeler les indigènes, — mot absurde qui ne présente aucune idée précise et qui a causé les plus graves malentendus, — celui qui, lors de la conquête, s'est offert le premier à nos yeux, c'est l'élément arabe ; et comme une tendance de l'esprit humain est de juger ce qu'on ne connaît pas par ce que l'on connaît, il est résulté de cette circonstance que la majeure partie de nos lois algériennes et de nos règlements locaux ont été faits en vue de leur application aux indigènes de la Mitidja et des environs d'Oran, et sont, *ipso facto,* inefficaces ou impolitiques dès qu'il s'agit de les appliquer aux populations kabyles.

Insuffisamment rigoureux et restrictifs à l'encontre des Arabes, fréquemment, au contraire, ils froissent sans utilité réelle le Kabyle. Or, nous ne devons pas perdre de vue que si chez l'Arabe la moindre condescendance de notre part réveille les espérances factieuses, chez le Kabyle, au contraire, le sentiment de fidélité à notre cause s'affaiblit à chaque ressentiment que lui fait éprouver le heurt d'une loi mal comprise ou d'un règlement imprudent. Pour n'en citer qu'un exemple, n'est-il pas évident que chez un peuple adonné à diverses branches d'industrie et d'agriculture, nous ne pouvons sans danger porter atteinte à la libre circulation des individus d'un point à un autre, ni aux changements de résidence que leur travail nécessite ? Dans le douar des nomades, au contraire, les conditions de la vie sont profondément différentes ; les individus y exercent tous la même industrie : l'industrie pastorale. La nécessité de la défense réciproque les invite puissamment à l'exercer en commun, et, par suite, dans des conditions identiques, en sorte que si un individu se sépare du groupe, il y a toute raison de croire qu'il n'y est invité que par des considérations étrangères à ses occupations ordinaires ; et dès lors l'autorité a le droit et le devoir d'empêcher rigoureusement ces isolements insolites.

L'administration qui voudrait interdire aux cultivateurs kabyles de vivre hors des villages, chacun dans leurs champs à l'époque des récoltes, provoquerait à coup sûr un mécontentement dont les conséquences en temps troublé risqueraient d'être très dangereuses. Que si l'administration prétendait imposer la nécessité d'une autorisation préalable à ces résidences momentanées hors du village, elle s'obligerait, par cela même, à un travail en définitif inutile, puisqu'il n'y aurait pas apparence qu'elle eût à refuser des autorisations, et obligerait les Kabyles à une formalité ennuyeuse et à une perte de temps.

Au contraire, en pays arabe, le paragraphe 16 de l'article 1er de l'arrêté préfectoral du 9 février 1875, qui punit l'habitation isolée en dehors de la mechta et du douar, doit être sévèrement et rigoureusement appliqué.

La cause la plus active peut-être de dangereux froissements entre les Kabyles et nous, c'est la réglementation du droit d'usage et de parcours dans les forêts. Les régions forestières de l'Algérie sont habitées le plus souvent par des populations très pauvres dont la principale ressource est l'élève de quelques bestiaux. On conçoit combien funeste aux forêts était l'existence dans leurs clairières de ces propriétaires de chèvres et de moutons; en sorte que le gouvernement fut mis en demeure de choisir entre l'une ou l'autre de ces deux alternatives : ou bien abandonner la forêt à la dent des troupeaux, ou bien expulser les troupeaux, et, par suite, réduire à une condition plus misérable encore que par le passé les populations voisines. On se décida à ce dernier parti ; et dès lors intervint une réglementation de droit d'usage et de parcours dont les gardes-forestiers furent spéciale- ment chargés d'assurer l'exécution.

Quelque désir que l'on eût de sauvegarder les forêts, on ne crut pas cependant pouvoir supprimer les popula- tions elles-mêmes qui, depuis des siècles, étaient fixées dans les clairières. On se borna à délimiter ces enclaves et à tracer, autour de ces petits douars, le rayon que leurs bêtes ne devaient pas dépasser ; mesure illusoire qui devait être évidemment violée à chaque instant par les intéressés. Alors commença cette situation dans laquelle se débat le régime forestier. Avec un personnel insuffisant pour des espaces immenses où les forêts n'existent, le plus souvent, qu'à l'état de broussailles rabougries, il est impossible à ce service de constater la centième partie des contraventions qui se commet- tent. Y arrive-t-il, il n'a d'autre ressource que de requérir devant le tribunal correctionnel l'application de tel ou tel article du code forestier. Or, ce code est à ce point inapplicable en Algérie, à cause de l'élévation fantastique de ses amendes que, malgré les jugements des tribu- naux correctionnels et le mandement de justice, l'auto- rité forestière qui l'a requis, se refuse toujours elle- même à l'exécuter et transige. Le plus souvent, la tran- saction intervient peu après le procès-verbal, et, sur- tout quand le garde-forestier est un indigène, beau- coup prétendent qu'elle arrive même avant.

Parfois à 200 kilomètres de son chef, le garde général, l'agent subalterne des forêts ne peut être utilement con-

trôlé et surveillé. D'autre part, sa tâche est véritablement au-dessus de ses forces. Est-il étonnant, dans ces
conditions, que le découragement presque toujours, et
parfois aussi ce qu'on a appelé en Algérie l'esprit de
fourbi, viennent ou simplifier la besogne ou augmenter
les bénéfices de l'agent?

En définitive, pour un résultat à peu près négatif en
ce qui concerne la conservation des forêts domaniales,
on a obtenu un résultat certain : le mécontentement de
groupes nombreux de populations indigènes, et peut-
être aussi quelque longue histoire de vexations ou de
concussions.

Or, il ne faut pas oublier que si, durant l'hiver, l'indigène ne peut rien contre l'agent forestier, non plus que
contre le grief que lui cause la limitation ou la réglementation de ses droits d'usage ou de parcours, il est une
autre saison, au contraire, où sa vengeance est facile :
c'est celle où les premières feuilles séchées sont tom-
bées des arbres et où les plantes basses sont déjà dessé-
chées. Alors, dans les mois d'août ou de septembre,
durant quelque forte période de siroco, on voit subitement et de tous côtés s'allumer des incendies. Si par
hasard, dans cette même année, quelque agitateur
essaye de soulever les masses, nul doute que les émis-
saires n'essayent d'exploiter au profit de l'insurrection
ce mécontentement des populations forestières. Sous
leur action les incendies se multiplieront plus que de
coutume, et nos côtes entières seront en feu.

Il n'entre pas dans le cadre de ce travail de rechercher
par quelles mesures on pourrait porter remède à cette
fâcheuse gestion de nos richesses forestières. Le problème est ardu comme d'ailleurs tous les autres problè-
mes algériens, et les plus avisés hésitent. Nous n'en
avons parlé que pour donner un exemple des froissements que peuvent provoquer l'application de nos règlements.

Que ces froissements soient ou non légitimes, il faut

en tenir compte, comme d'une donnée, dans le problème ardu de la sécurité. Il y a toujours des frottements dans la machine sociale ; mais encore est-il bon qu'on cherche à les atténuer dans la mesure du possible, si on ne veut que l'essieu prenne feu.

§ 3. — Si parfois l'application de nos règlements froisse les populations kabyles, il est une autre source de froissements non moins active ; c'est la violation de leurs coutumes et de leur *modus vivendi* qu'à certains égards nous avons prétendu remplacer par une organisation différente. Il serait hors de propos dans cette étude de raconter quelle était anciennement la constitution des tribus kabyles. Pareil exposé nécessiterait un volume de développement et nous ferait perdre de vue l'objet principal de cette étude. Qu'il me suffise de dire que la constitution kabyle, remarquablement pondérée et libérale, à la fois naïve et savante, a frappé d'admiration tous ceux qui, publicistes ou savants, ont eu à l'étudier de près. Que ce soit M. Letourneux, le si éminent magistrat, ou de savants officiers, tels que MM. Hanoteau, Devaux, Aucapitaine et encore l'auteur d'une étude parue dans la *Revue des Deux-Mondes*, ou enfin un jésuite : le révérend père Dugas, dans son livre « *La Kabylie et le peuple kabyle,* » tous, quoique se plaçant à un point de vue assurément bien divergent, payent un tribut d'éloges à la savante constitution du taddert kabyle et à la puissante vie communale que cette organisation avait développée.

Conçoit-on de quel œil les Kabyles accueillirent ce que ne purent leur épargner les protestations des chefs militaires les plus éminents, et notamment du général Bosquet, — la suppression de leur ancienne organisation démocratique, et en sa place, l'institution de grands chefs, pauvres hères la veille, qu'un caprice de nous élevait à une situation sans contrôle et de l'influence desquels nous faisions tous les frais ?

Le Kabyle est irritable, nous l'avons déjà dit, et c'est toujours une maladresse que de l'irriter sans motif. Mais combien plus d'imprévoyance y avait-il encore à toucher à une organisation démocratique et égalitaire à l'excès, qui opposait aux influences locales d'autres influences locales et les annihilait ainsi les unes par les autres au profit de notre domination, pour y substituer une contrefaçon de régime féodal qui nous faisait créer, en face de nous, et de nos propres mains, ces Mokrani, ces Caïd Ali que, bientôt après, nous devions apprendre à redouter !

Ceci nous amène tout naturellement à examiner une autre division de notre sujet : « *du danger des grandes influences indigènes.* » Nous nous reprocherions de ne traiter cette question qu'incidemment.

§ 4. — Il existe en *pays arabe* deux sortes d'influence : l'influence religieuse et l'influence politique. Sont-elles unies, elles entraînent forcément l'obéissance passive des masses qui ne songent même pas un seul instant, quel que soit le but poursuivi, à discuter l'ordre reçu. Si, au contraire, l'influence religieuse du marabout vient, dans un cas déterminé, contrecarrer l'influence du chef politique de la tribu, la masse reste entre les deux, inerte et indécise, allant de l'un à l'autre, donnant ses épargnes au marabout, des partisans au chef politique et n'aspirant qu'à une seule chose : voir se rétablir l'ordre, c'est-à-dire l'union entre les deux pouvoirs.

Parfois, comme chez les Ouled-Sidi-Cheikh, depuis 1860, et grâce à nous, les marabouts détiennent à la fois, avec le pouvoir religieux une sorte de suprématie politique. Quand cet état de choses est bien établi, quand les protestations des chefs de tribu ont cessé, alors est créé un état politique qui représente l'idéal de l'absolutisme appuyé sur l'obéissance inconsciente et absolue des masses.

On conçoit combien, dans un pareil milieu, la France

a à compter avec les chefs soit religieux soit politiques, combien elle a intérêt à favoriser l'antagonisme entre ces deux influences, à faire naître les occasions qui le créeront et à localiser les influences dans le plus étroit rayon possible. D'ailleurs, nous ne saurions, sans méprise, adopter vis-à-vis de chacune d'elles la même attitude et les mêmes procédés. L'influence politique du chef de tribu est en général moins dangereuse que celle du marabout. Nous nous sommes assez sincèrement conciliés quelques-uns d'entre eux qu'a attirés l'appât des biens et des honneurs. A ceux dont nous avons ainsi consacré et reconnu le pouvoir, nous avons assuré une stabilité que les hasards des guerres de tribus ou l'hostilité de quelque marabout voisin aurait pu, hors de nous compromettre. D'ailleurs, nous sommes la force, et nous avons déjà mentionné ce caractère du peuple arabe qui confond dans une même idée la divinité et la fatalité, la justice et la force et s'incline également devant une manifestation de la force violente et devant un miracle. Mais, de même que nous devons chercher à nous attacher l'influence des chefs de tribu pour nous assurer la soumission des fractions de la masse indigène qui obéissent à leur mot d'ordre, de même devons-nous nous garder soigneusement d'étendre l'influence de tel chef à des tribus qui ne l'auraient pas encore reconnu. Il faut émietter le pouvoir politique en territoire arabe. Une bonne carte politique de l'Algérie devrait représenter par couleurs séparées le groupement des tribus suivant les influences des diverses familles indigènes, et le gouvernement devrait s'interdire tout acte politique qui risquerait d'étendre l'influence ou, pour reprendre l'idée de la carte, la couleur de telle famille.

En ce qui touche l'influence maraboutique, nous ne saurions trop la redouter, la poursuivre et la proscrire. Elle nous est essentiellement ennemie, quels que soient d'ailleurs les sentiments personnels du marabout. En effet, si telle personnalité maraboutique a pu, par accidont ou par intérêt être utile à notre cause, il suffira que cette personnalité disparaisse pour que le danger renaisse.

Quelques érudits, épris des doctrines de ce qu'on est convenu d'appeler le Soufisme, protesteront contre cette proscription absolue du maraboutisme. Qu'il me suffise de leur répondre que s'il existe quelques individualités maraboutiques qui, à force d'étudier leur religion, en sont arrivées à en reconnaître le vide et ont cherché alors une consolation dans des doctrines philosophiques d'un ordre plus élevé, il n'en est pas moins vrai que ces mêmes marabouts se garderont bien d'enseigner aux foules ce que d'ailleurs elles ne comprendraient pas, et leur réserveront, au contraire, les enseignements passionnés du Coran et des Hadits.

Que El-Bakay protège Barth à Timbouctou et écrive en sa faveur un magnifique plaidoyer de tolérance religieuse, sans aucunement diminuer le mérite du savant cheikh, je puis ne pas m'en étonner. Barth était l'hôte ; il était sans défense et ne pouvait inspirer aucune crainte. Il était à la fois protégé par les lois de l'hospitalité, généralement respectées en pays musulman, et par les sentiments humains très puissants chez El-Bakay. Oserions-nous, en outre, affirmer qu'aucune considération politique ne guida le protecteur de Barth, et qu'El-Bakay se fût mis en frais d'éloquence pour l'obscur René-Caillé, comme il le fit pour l'envoyé du gouvernement anglais, pour celui qui transmettait au cheikh de Timbouctou les compliments de la cour britannique ?

Nous sommes ici, en Algérie, dans une toute autre situation. Nous sommes l'ennemi puissant et exécré. Il n'est pas une tribu que les fatalités de la guerre ne nous aient obligés à décimer plus ou moins, et les marabouts savent bien qu'il existe au fond des masses des trésors de vengeance et de haine à exploiter contre nous. El-Bakay, en Algérie, eût été un irréconciliable révolté.

C'est par l'éclat des manifestations extérieures que les

religions entretiennent le zèle de leurs fidèles et réchauffent leur foi. C'est pourquoi nous devrions proscrire, sinon toutes les manifestations du culte, du moins toutes celles qui, par leur caractère éclatant et accidentel, sont de nature à frapper vivement l'imagination des masses. J'ai vu de mes yeux le scandale d'une foule affolée et immense, hurlant et vociférant autour de la voiture où se prélassait un marabout aussi illustre que peu scrupuleux sur l'observance de certaine règle coranique. Le bruit des tam-tams, les danses des Aïssaouas, les hurlements de tous avaient provoqué une telle surexcitation chez les individus même les plus placides, que la ville européenne, noyée dans ce flot d'hallucinés, fut pendant trois jours sous l'impression d'une secrète terreur. Et pourtant le marabout venait en ami.

J'eus alors la révélation du fanatisme arabe, sorte de maladie constitutionnelle qui ne révèle sa présence que par des manifestations accidentelles et aussi subites que dangereuses. Dans tout adepte du Coran, quel qu'il soit, il y a l'étoffe d'un révolté : tout est une question de milieu et de circonstances.

L'attitude que nous devrions prendre vis-à-vis des marabouts est donc simple à tracer : les interner dans leurs zaouïas ; les déporter pour peu qu'ils en fournissent l'occasion ; interdire les collectes et les ziaras, en refusant d'autoriser les promenades intéressées de ces mendiants de haut vol ; et, si certaines circonstances déterminées obligent parfois à apporter à ces règles quelque tempéramment, du moins faut-il toujours se garder de laisser s'accroître l'influence d'aucun d'eux, soit en intensité, soit en étendue territoriale.

Les esprits timorés nous objecteront sans doute la capitulation de 1830. En vérité, y a-t-il une seule tribu en Algérie qui n'ait pas déchiré elle-même ce traité en se révoltant après s'être soumise? Le premier soin du gouvernement français, au début de chaque insurrection, ne devrait-il pas être de prendre officiellement acte de la rupture du traité entre l'autorité française et la tribu révoltée et, *ipso facto*, de se considérer comme autorisée à prendre toutes les mesures, quelles qu'elles soient, qu'exigerait ultérieurement la sécurité politique, et notamment d'interdire la détention des exemplaires du Coran avec le même soin que celle de la poudre et des armes.

Bien différemment se pose, en Kabylie, la question des grands chefs et des grandes influences.

Le marabout, aussi mal intentionné qu'en pays arabe, n'y est du moins qu'un petit personnage. Généralement les publicistes se sont mépris sur sa véritable action.

Chez un peuple aussi peu enclin aux sentiments religieux que le peuple kabyle, il paraît étrange tout d'abord de constater l'existence d'aussi nombreux marabouts ; mais l'anomalie n'est qu'apparente. On donne en réalité, en Kabylie, le nom de marabout à l'écrivain public du village, sorte de petit notaire de l'endroit qui joint à l'exercice de cette profession celui de maître d'école, quand il sait suffisamment écrire pour cela, et enfin celui de ministre du culte.

Voyons maintenant, en fait de pratiques du culte, celles qui sont en usage :

D'abord les cérémonies de l'inhumation, puis celle de la circoncision qui appartiennent au fond commun des religions orientales et étaient peut-être en honneur chez les Berbères dès avant l'Islam. Ce n'est qu'au jour des grandes fêtes que le marabout appelle à la prière, appel point écouté d'ailleurs. Quant aux lectures coraniques, aux prédications dans la mosquée, elles n'ont lieu nulle part. Au surplus, elles ne pourraient être que mal accueillies par la population kabyle si remarquable pour son attachement à des coutumes qui, presque toutes, sont en opposition absolue avec les prescriptions les plus formelles du Coran.

Parlerai-je de ce qu'on appelle la « Djamâa » ou mosquée dans les villages kabyles, pauvre petite chambre de quelques pieds carrés qui jamais ne voit s'assembler de fidèles, et sert uniquement à donner l'hospitalité de la nuit aux vagabonds et mendiants de passage. Qui oserait affirmer qu'il y ait dans chaque tribu kabyle un exemplaire entier du Coran ?

On comprend aisément, dès lors, que l'influence du marabout est beaucoup plus celle du lettré au milieu d'une population illettrée que celle du ministre du culte.

Le taleb ou « lettré » était un rouage nécessaire dans l'administration du village kabyle. C'était un fonctionnaire de l'endroit qui pouvait acquérir plus ou moins de considération suivant sa valeur personnelle et la somme de science que la crédulité et l'ignorance générale lui attribuaient.

D'où venaient ces marabouts ? Tous s'attribuent une origine arabe, et, comme patrie d'origine, la région de Saguiet-El-Hamra. Ce qu'il y a de certain, c'est que si un trop grand nombre d'entre eux ont conservé les habitudes oisives de la race arabe et s'ingénient à exploiter par la vente des amulettes, la superstition des femmes, tous tout au moins, ont dû reconnaître la validité des coutumes kabyles et consacrer un état de choses qui était pourtant, sous l'apparence d'une profession extérieure, la négation radicale de la loi coranique.

A la différence de ce qui se passe en pays arabe, le marabout n'a donc aucunement à compter sur la foi de ses ouailles. Aussi, quand le chef de l'ordre auquel s'est affiliée toute la race maraboutique de la Kabylie, Cheikh Haddad, en 1871, leva l'étendard de la révolte, il fit appel, non certes aux passions religieuses, mais aux convoitises sociales et aux appétits matériels. Le propre des insurrections kabyles, c'est d'être avant tout une explosion d'appétits et de convoitises, parfois aussi de rancunes.

Si les grands personnages essentiellement religieux n'existent pas en Kabylie, il en est de même des grands chefs politiques. Le mot de démocratie est insuffisant

3

pour exprimer la situation politique des Kabyles. Ce mot implique dans nos idées une forme sociale raisonnée, voulue, consentie par la majorité. Chez les Kabyles, la pratique démocratique n'est ni raisonnée, ni consentie, mais instinctive, et ils sont si puissamment imprégnés de cet esprit que si j'en étais un adversaire, je pourrais dire de lui comme je le disais du fanatisme chez les Arabes, qu'il est une maladie constitutionnelle des Kabyles.

On conçoit dès lors qu'il n'y avait aucune chance pour nous de trouver des grands chefs en Kabylie. Notre aveuglement voulut que nous en fissions. La chose ne fut pas commode. Il nous fallut, pour cela, fausser radicalement l'admirable mécanisme de l'organisation politique des tadderts; supprimer le suffrage universel, cette source de tous droits pour les Kabyles; imposer même en trop d'endroits, la souveraineté du Coran, l'implacable adversaire de toute idée de liberté, et la juridiction des cadis, ses dignes interprètes. Il fallait trouver ensuite, ici quelque marabout rapace, là quelque courougli naguère à la solde des Turcs, ailleurs quelques spahis vulgaires; armer de pouvoirs énormes ces hommes improvisés chefs; trop souvent, mettre inconsciemment nos prisons et nos conseils de guerre au service de leurs haines et de leurs rancunes; briser, enfin, par tous les moyens, toutes les résistances populaires pour, cette œuvre accomplie, nous complaire en elle-même.

Cette œuvre, elle s'appela le Caïd Ali, elle s'appela Mokrani.

Elle s'appela l'insurrection de 1871.

Maintenir, en pays kabyle, une organisation largement démocratique, faire en sorte que les influences ne dépassent jamais les limites du village, entretenir l'esprit municipal qui offre, dans les chaudes discussions de la djamâa locale, un dérivatif à l'impétuosité du caractère kabyle, tel est notre intérêt bien entendu. Qu'on sache bien que, dans cette œuvre, nous ne risquons d'être arrêtés par aucune influence locale sérieuse. Il n'y a de chefs en Kabylie que ceux que nous avons faits tels. Leur pouvoir est essentiellement emprunté et précaire. Il tombe dès que nous leur retirons les immunités et les privilèges qui faisaient tout leur crédit.

Quant aux marabouts, méchante race dont l'insurrection de 1871 a déjà si singulièrement fait baisser l'influence, deux moyens bien simples nous restent pour les ruiner moralement et matériellement: faire en sorte que l'instruction cesse d'être leur privilège, et leur appliquer rigoureusement les lois qui interdisent la mendicité, fût-ce sous le couvert religieux. Si, quand on s'attaque à eux en pays arabe, il convient d'être prudent, en pays kabyle il convient d'être prompt. D'ailleurs, la masse, travailleuse et pauvre, applaudira de grand cœur aux mesures qui la délivreront des sollicitations de ces parasites et la rédimeront de la dîme qu'elle paye à cette race de mendiants.

CHAPITRE III

Des signes qui précèdent et annoncent les insurrections

Le Sahara, plus docile aux inspirations maraboutiques, plus discipliné sous leur main et d'ailleurs moins surveillé par nous, voit naître des insurrections plus inopinées et plus brusques. Des mouvements insolites sont d'abord opérés par les tribus, sans que l'autorité soit avertie par elles des motifs qui les font agir. Au lieu de se disséminer de ci de là pour utiliser la plus grande somme possible de pâturages, les troupeaux se concentrent sur les points les plus éloignés possible de nos avant-postes. Les caravanes attardées dans le Tell hâtent leur rentrée dans le Sahara, non sans se munir de la plus grande quantité d'orge et de blé. Celles qui, chaque année, vont de la province d'Oran dans le Gourara, si elles ne sont pas encore parties ajournent leur départ. Enfin des razzous, — petites bandes de pillards, — apparaissent de ci, de là, razzant les tentes attardées qui semblent ne pas vouloir se joindre à celles des autres nomades. Les silos des ksours se vident et les grains sont ramenés dans quelque vallée saharienne éloignée où seront établis les magasins généraux de l'insurrection. Durant ce temps, des voyageurs isolés arrivent de toutes parts dans les zaouïas les plus importantes ; ce sont les mokadems des diverses confréries qui viennent recevoir le mot d'ordre et les dernières instructions. L'assassinat des gardiens de quelque caravansérail, celui d'un officier en tournée, ou celui encore de quelques charretiers isolés, sur la lisière du Tell, seront, bientôt après, les premières épisodes de l'insurrection ouverte.

Dans le Tell les symptômes sont plus nombreux et plus lointains. Tandis qu'au Sahara les soulèvements semblent, en quelque sorte inopinés, dans le Tell, au contraire, on peut les prévoir dans leurs causes génératrices et suivre leur développement graduel. La misère, que provoquent parfois, en Algérie, d'excessives sécheresses, constitue la prédisposition la plus active à l'insurrection. Les bruits de guerres extérieures, les excitations venues des États islamiques voisins émotionnent également les esprits et exercent une action funeste. En pays berbère les exactions des chefs indigènes ou les imprudences d'une administration oppressive agissent plus puissamment encore. Bientôt les agents administratifs et judiciaires constatent, au sein des masses indigènes, un moindre sentiment du respect de l'autorité. Les impôts rentrent mal, les prestations sont refusées, les valeurs à échéances souscrites par les indigènes au profit d'européens retournent impayées, les prix des fermages sont refusés par les locataires indigènes. Bientôt s'accuse une précipitation insolite dans la récolte et l'ensilotement des grains. Les prétoires judiciaires sont désertés et les compétitions individuelles suspendues. La criminalité augmente dans des proportions subites, et les circonstances dans lesquelles les crimes sont accomplis manifestent un accroissement d'audace de la part des malfaiteurs. En même temps les lieux de pèlerinage sont plus fréquentés que jamais, les prédications des mosquées plus nombreuses et plus suivies.

Des bandes de marabouts étrangers sillonnent le pays, sonnant sur leur passage les bruits les plus fantastiques et les nouvelles les plus alarmantes. De ci, de là les incendies s'allument et gagnent de proche en proche d'autant plus facilement que les populations indigènes se refusent à prêter leur aide pour circonscrire les foyers. Sur les marchés s'organisent des paniques subites, au plus grand profit des promoteurs qui s'emparent ainsi du bétail abandonné. C'est alors que subitement s'annonce avec éclat l'apparition de quelque nouveau prophète chargé par Dieu de délivrer les croyants du joug des infidèles. En route nos soldats et sans tarder. Voici qu'on coupe les fils télégraphiques, qu'on pille et qu'on assassine dans les fermes, qu'on massacre les isolés.

Voici l'insurrection!

CHAPITRE IV

Des moyens de prévenir et de réprimer les crimes et les délits contre les personnes

§ 1ᵉʳ. — Nous avons constaté, dans le premier chapitre de ce travail, qu'il existait quatre causes actives de criminalité : la misère, la perversité naturelle, soit qu'on l'observe chez les individus isolés, soit qu'on la constate dans les groupes sociaux, l'absence de répression et la promiscuité des prisons. Nous allons successivement chercher par quels moyens on pourrait neutraliser chacune de ces causes funestes.

Partout où se pose le problème de la misère, pourquoi faut-il qu'il soit presque insoluble ? Pourquoi faut-il que les solutions que l'on hasarde soient telles, en tous pays, qu'on ne peut en espérer que de demi-résultats ? Et pourtant nous ne saurions les négliger, si peu efficaces soient-elles ?

Nous l'avons dit, la misère des Kabyles est peu à craindre. Seuls, les prolétaires que nous avons faits, par l'application du séquestre si utile à d'autres égards, sont exposés à ses atteintes. N'est-il pas possible d'espérer qu'on pourra diminuer leur nombre en les installant, à titre de colonie, sur divers points du territoire où il ne sera jamais possible, par suite de la déclivité excessive du sol et de sa pauvreté générale, d'installer la colonisation européenne? Nous connaissons, quant à nous, de ces cantons où la colonisation par les Kabyles serait possible, à condition toutefois que la population actuelle n'y soit pas déjà trop dense.

Il y aurait encore une autre sorte de cantons où je verrais volontiers installer les dépossédés kabyles. Mais en ceci, j'ai crainte de froisser l'opinion publique et j'ai besoin de me rappeler la règle d'absolue franchise que je me suis imposée.

L'opinion publique réclame hautement d'efficaces mesures de protection pour nos massifs forestiers. Mais il est évident qu'à moins d'augmenter dans des proportions énormes le personnel forestier, il sera toujours absolument impossible à ce service d'assurer la sécurité et la police de tous les territoires qui lui sont confiés. Ne serait-il pas dès lors rationnel, tandis qu'en même temps que par une réorganisation mûrement étudiée on perfectionnerait la marche actuelle de ce service, de restreindre son champ de garde et de surveillance en sacrifiant les parties les moins intéressantes au point de vue forestier?

Quiconque a plus ou moins traversé l'Algérie, une carte forestière en main, sait à quels étonnements profonds on est parfois exposé, et comment certains espaces, où il serait difficile de trouver assez d'ombre pour s'y endormir, sont cependant déclarés boisés.

On se rappelle cette plaque de marbre, située sur la route d'Alger à Aumale, annonçant aux générations futures que sous tel gouvernement et sous tel général fut plantée cette forêt de châtaigniers. Hélas! la forêt a disparu. Pas un arbre n'en subsiste. Seule, l'inscription reste, comme une moquerie à l'adresse du voyageur. C'est souvent un peu l'histoire des pompeuses mentions que contiennent les sommiers du service forestier. Quelques menues broussailles, de loin en loin quelque chêne vert rabougri, il n'en faut pas davantage pour faire une forêt;

il existe tout un cantonnement, celui de Bel-Abbès, qui ne compte que des *forêts d'alfa*.

Y aura-t-il moyen de reboiser ces espaces ?

C'est là une dure question, bien difficile à concilier avec les exigences de nos budgets. Quelques tentatives de reboisement telles que celle de la montagne de Santa-Cruz, à Oran, ont, si je suis bien informé, provoqué des dépenses énormes, assez peu en rapport avec le résultat obtenu. Mais, s'il faut renoncer au reboisement officiel, n'y aurait-il pas moyen d'espérer le reboisement de l'intérêt privé ? Peut-être, et cela, grâce à l'ardent appétit de la terre et à la puissance de travail qui caractérisent le cultivateur kabyle, et à certain contrat très fréquent en Kabylie où il porte le nom de « *thamr'arsith* ». Le thamr'arsith est un contrat par lequel un propriétaire s'engage à livrer un terrain à un tiers, qui s'oblige, de son côté, à le planter de figuiers ou d'oliviers, à la condition que, au bout d'un certain nombre d'années, la propriété du terrain et des arbres sera partagée entre eux dans une proportion déterminée (*Letourneux-Hanoteau*).

Les oliviers, les figuiers et les frènes, arbres chers aux Kabyles, viennent, grâce à leurs soins, dans les plus mauvais terrains. Il ne faut jamais jurer de rien en matière algérienne avant d'avoir essayé. Mais nous estimons cependant que la chose mériterait d'être tentée, et qu'il se pourrait que, par ce procédé, on obtienne un triple résultat : diminuer le nombre de prolétaires et augmenter du même coup la somme des productions du sol, provoquer sans frais le reboisement de certaines régions, enfin constituer, à l'expiration du contrat thamr'arsithaire, un domaine sérieux au profit de l'État.

En Sahara le problème de la misère est moins complexe. J'ai, dans une récente brochure, — *la Question du Sud-Ouest, Jourdan, 1881,* — expliqué comment, par la création de redirs artificiels, on pourrait, à peu de frais,

obtenir une exploitation régulière des steppes saha-
riennes au profit des nomades, tous grands éleveurs de
moutons, et augmenter ainsi considérablement la somme
des produits sahariens utilisés. Je ne reviendrai pas sur
cette importante question et renverrai le lecteur curieux
de plus de détails à la brochure dont j'ai parlé.

Dans les pays arabes du Tell, aucune mesure malheu-
reusement ne me paraît propre à prévenir les explosions
de la misère. L'ouverture immédiate de grands chantiers
publics, la distribution de secours individuels seront, à
chaque période de famine, les moyens à employer pour
atténuer les rigueurs du fléau. Dans la longue agonie du
peuple arabe, les calamités périodiques qui l'assiègent
ressemblent aux convulsions saccadées d'un mourant.
Chacune d'elles éteint une parcelle de sa force et hâte
l'heure, d'ailleurs prochaine, d'un anéantissement total.

§ 2. — La perversité des individus isolés ou des groupes sociaux est encore un mal sans remède. Je ne crois
pas qu'on ait jamais corrigé un voleur indigène, moins
encore qu'on puisse déshabituer du vol les tribus qui le
tiennent en honneur. Le malfaiteur incorrigible, on le
supprime. Mais comme il y a dans sa faute, surtout en
Algérie, une histoire plusieurs fois séculaire de spolia-
tions, de dépossessions, de vexations, dont lui ou sa
famille ont été victimes, il importe d'apporter dans cette
œuvre de répression toute la modération compatible avec
la fermeté nécessaire.

Pour beaucoup de malfaiteurs indigènes, la suppression effective, la transportation « *loin de l'odeur de
l'Islam* », suivant la jolie expression d'un vieux cheikh,
de mes amis, devrait être considérée comme peine suffisante.

Qu'on demande à l'Océanie quelque île, plus ou moins
déserte et aussi salubre que possible, et qu'on y envoie
donc, munis de pelles et de pioches, de semences appro-

priées, voire même de leurs femmes si celles-ci veulent les suivre, ces trop nombreux malfaiteurs indigènes dont le maintien en Algérie est un danger pour tous. Il n'y aurait certes aucune cruauté en cette mesure. La peur de l'inconnu, qui accompagnerait ces hommes jusqu'au lieu de destination, constituerait, en définitive, tout le châtiment, car la vie du bandit indigène n'est pas telle qu'il puisse craindre de trouver pire dans quelque autre condition que ce soit. Il ne faudrait pas juger pareille mesure au nom des sentiments européens. Nous sentons vivement en nous l'amour de la patrie. Au contraire, l'Arabe, qui n'a pas de commune natale, qui n'exerce aucun droit privatif de propriété sur le sol, qui vit partout nomade ou semi-nomade et n'a point de foyer, n'est pourtant qu'un passant. Il n'y a point d'exil pour lui, parce qu'il n'a jamais eu de patrie. D'ailleurs s'il est possible d'espérer qu'il puisse revenir à une honnêteté relative, ne sera-ce pas lorsqu'il se trouvera libre et seul en face de la nécessité du travail quotidien? Quant à ceux qui seraient tentés de l'imiter, je ne crois pas qu'il puisse y avoir de châtiment qui soit pour eux d'un plus salutaire exemple.

Je le dis du fond du cœur, avec la conviction la plus entière et une assurance que j'ai bien peu souvent en matière algérienne; il n'existe positivement pas d'autre remède au banditisme algérien que le drainage annuel des malfaiteurs indigènes et leur transportation dans les plus lointains climats. Je suis et j'ai toujours été en contact constant avec les indigènes, et j'affirme que ceux-ci, les voleurs exceptés, pensent absolument comme moi. Ils s'étonnent que la France qui a des possessions si lointaines, qui possède Cayenne et la Nouvelle-Calédonie, dont la réputation n'est pas à faire en Algérie, — souffre à côté de ses colons et de ses sujets, ces nombreux voleurs de profession qui sont la terreur à la fois des européens et des indigènes. S'il y a de l'inhumanité en cette matière, c'est à coup sûr d'exposer les européens et les indigènes honnêtes à être incessamment volés et, aucunes fois, assassinés, faute de se résoudre au seul remède efficace du banditisme, au remède unique en dehors duquel il n'en existe aucun.

Mais quelle sera la procédure à suivre pour obtenir la transportation des malfaiteurs ? Par quels tribunaux sera-t-elle prononcée et en vertu de quels textes ? Cette peine s'ajoutera-t-elle à celles prononcées par les tribunaux en vertu du Code pénal ? S'appliquera-t-elle à tous avec la même rigueur et comportera-t-elle, dans les pays où les malfaiteurs seront transportés, un traitement et un régime uniformes ?

Ce n'est pas une à une qu'à notre avis peuvent être résolues ces diverses questions. Elles doivent être étudiées ensemble et leur solution ne peut dépendre que d'un système complet. Voici ce que nous proposerions sur ce grave sujet :

Notre code pénal est, de tous points, inapplicable aux indigènes ; en fait il n'est nullement d'ailleurs appliqué par les tribunaux qui prononcent constamment des peines correctionnelles en matière criminelle. D'autre part, les parquets, débordés par le flot des affaires soumises au tribunal correctionnel, renvoient devant le juge de simple police, pour application de la loi de brumaire, an IV, des rixes graves qui, en France, auraient sûrement été correctionnalisées.

Nous nous sommes déjà expliqué sur ce sujet. Nous tenons à répéter que nous n'en faisons reproche à personne. Le service judiciaire s'est vu obligé d'adopter cette jurisprudence, et si impérieuse à cet égard en a apparu la nécessité que, malgré la manifeste et constante violation de la loi, il n'est pas un magistrat, pas un avocat qui ait cru de son devoir de protester. Ce fait démontre d'une manière plus éclatante qu'aucun raisonnement ne le pourrait jamais, l'inapplicabilité absolue de nos lois pénales en matière indigène. La seule solution qui s'impose, c'est donc l'abrogation de ces lois d'ailleurs inappliquées et la création de toutes pièces d'un Code pénal de l'indigénat. Trois mois suffiraient largement à une Commission spéciale pour en jeter les bases. Voici quelles seraient, à mon avis, les seules pénalités que ce code devrait prononcer :

1º La mort, en matière d'assassinat ayant le vol pour mobile ou commis par bandes armées ;

2º Les travaux forcés à perpétuité ou à temps, mais avec séjour perpétuel à Cayenne, comme colons libres après expiration de la peine. Cette peine s'appliquerait en matière d'assassinat non suivi de vol, de vol qualifié et de viol, lorsque les circonstances du crime dénoteraient une perversité telle chez les auteurs qu'elle les rendrait dangereux même au sein d'une société de bandits et ne permettrait pas d'espérer leur amélioration morale ;

3º La transportation simple pour les meurtres, vols qualifiés, viols, fabrication de fausse monnaie et fabrication clandestine de poudres et d'armes, ainsi que pour les excitations à la révolte et les récidives de vol simple. En ce cas, les coupables, transportés dans une île salubre si possible, y recevraient un lot de terrain ainsi que quelques outils, des semences et les quelques rations nécessaires à leurs premiers besoins ;

4º Envoi dans des chantiers de discipline pendant une durée maximum de cinq ans. Ces chantiers établis en des points du territoire désignés par arrêté du Gouverneur général, après avis des communes de l'arrondissement et du Conseil général, seraient soumis à la discipline des compagnies de pionniers militaires. Le travail y serait obligatoire. Les détenus valides camperaient sous la tente ou le gourbi, suivant les localités. Les travaux d'assainissement, de dessèchement et de drai-

nage devraient plus particulièrement être réservés aux
chantiers de discipline. Le médecin de la commune la
plus voisine recevrait une indemnité pour y faire des
visites périodiques.

En prononçant l'application de cette peine, les tribunaux auraient la faculté d'autoriser le condamné à s'en
racheter totalement ou partiellement, moyennant le ver-
sement d'une somme de cinq francs par journée ;

5° L'amende à maximum indéterminé et qui devrait
toujours être proportionnée à la fortune du coupable,
telle que l'énoncerait au dossier de l'affaire, un certificat
de l'autorité administrative du domicile du condamné.

En cas de non paiement dans un délai imparti par des
règlements spéciaux, le condamné à l'amende serait
envoyé dans les chantiers de discipline où chaque journée de séjour lui vaudrait, comme acquit, une somme de
cinq francs.

Ce système serait à coup sûr efficace au point de vue
de la répression, beaucoup plus expéditif et, en outre,
beaucoup moins coûteux que notre système actuel.
L'économie réalisée par les départements et par l'État
sur l'entretien des prisons et des maisons centrales
serait à elle seule suffisante pour rétablir l'équilibre des
budgets départementaux. Les geôles municipales et les
maisons d'arrêt ne seraient plus conservées que pour
les détenus en état de prévention. Du même coup aurait
pris fin cette promiscuité des prisons qui gâte, au contact des natures perverses, les coupables qu'on aurait
pu ramener à l'idée du devoir, et qui facilite, en outre,
si singulièrement, la création des associations de malfaiteurs.

Ai-je besoin d'ajouter que ces peines spéciales devraient
être prononcées par des tribunaux spéciaux ? Je ne crois
pas à la nécessité du jury en matière indigène. Il serait
d'ailleurs absolument impossible dans tout système qui,

pour assurer une répression suffisante, punirait de peines criminelles tous les actes criminels. Les anciennes cours d'assises, composées de conseillers de cour et de juges au tribunal de siège, devraient être rétablies en matière de crimes indigènes, et le jury réservé aux seuls prévenus européens.

Pour faciliter même le fonctionnement de ces cours d'assises et produire une économie dans les frais de justice, la cour d'assises devrait siéger au chef-lieu de chaque arrondissement judiciaire.

CHAPITRE V

De la Responsabilité collective

Cette étude serait incomplète si j'omettais d'étudier la question qui est actuellement à l'ordre du jour, celle de la Responsabilité collective des tribus.

Bien qu'on n'ait jamais à s'excuser d'une opinion quand on peut justifier qu'elle est sincère et réfléchie, cependant tel est en cette matière l'entraînement de l'opinion publique que les hommes qui échappent à cet entraînement n'osent guère protester et plus volontiers se taisent. Quant à moi, je croirais manquer à mes devoirs envers mon pays, puisque j'ai entrepris cette étude de la sécurité, de ne pas aborder parmi les questions qu'elle soulève, celle si grave de la Responsabilité collective. En outre ne serait-ce pas méconnaître une qualité que je considère comme caractéristique du tempérament algérien, celle de la tolérance pour les opinions d'autrui quelles qu'elles soient et le respect des convictions basées sur l'observation des faits et l'étude sincère.

Au surplus j'aime mieux initier le lecteur non seulement aux raisons qui m'ont amené, d'une opinion entièrement favorable au principe de la Responsabilité collective, à douter véhémentement de son efficacité et à redouter des complications imprévues, mais encore à l'ordre chronologique dans lequel les hommes ou les faits ont révélé ces difficultés à mon esprit.

J'ai déjà parlé du vieux Cheik qui s'étonnait à si bon droit de notre indulgence à l'égard des bandits et réclamait si vivement leur transportation loin de l'odeur de l'Islam.

C'est avec lui que j'eus au sujet de la Responsabilité collective la première discussion qui ait fait impression sur mon esprit.

— « Ne penserais-tu pas, lui dis-je, qu'un moyen efficace de réprimer le banditisme indigène serait de rendre responsable le douar ou la tribu quand le vol ne serait pas découvert et de la frapper d'une amende collective sur le produit de laquelle on pourrait indemniser le volé ? »

Le vieux Cheik me regarda d'un air étonné. La question lui avait sans doute paru tellement étrange qu'il semblait ne pas l'avoir comprise. — Je la répétai. — Le Cheik garda un instant le silence et me dit alors d'un air un peu attristé : « Tu es juge et habitué à raisonner d'après la justice. Pourrais-tu me dire comment on établirait la justice d'une pareille mesure ? »

« Très simplement ; lui répondis-je, ne vois-tu pas quand un crime est commis quelle difficulté on a à faire parler les témoins. Les instructions n'aboutissent presque jamais parce que nous nous heurtons à ce que l'on a appelé la conspiration du silence. C'est cette complicité par le silence systématique et concerté qu'il faut briser et quel autre moyen pour y arriver que celui d'établir la Responsabilité collective du douar ou de la tribu.

» Si cette conspiration du silence existe réellement, me dit le cheik, à quels mobiles l'attribues-tu ?

» Il y en a deux de possibles, répondis-je, ou bien un intérêt direct et pécuniaire dans le vol, une participation aux bénéfices de l'opération ou bien l'animosité que beaucoup d'entre vous nous portent secrètement ou publiquement et qui vous rendent secrètement favorables aux entreprises commises contre les intérêts européens. »

Le vieux chef sourit et reprit : « Tu vas juger toi-même bien vite de la solidité de tes arguments. Est-ce que je me trompe, dis-le moi, en disant que le plus généralement le butin est un bœuf ou deux, un mulet ou deux, souvent même un simple mouton ? Est-il vrai encore que la plupart des vols aboutissent à une transaction sur bechara (1) et que la bechera est rarement supérieure à cent cinquante francs et souvent de moitié inférieure ? »

— « Cela est vrai.

— » Mais s'il en est ainsi, comment peux-tu admettre la participation d'un douar entier à d'aussi maigres bénéfices et que resterait-il aux voleurs pour les rémunérer des fatigues subies et du danger qu'ils ont couru d'être reçus à coups de feu, éventualité qui les inquiète beaucoup plus que votre bénigne prison ? Le vrai volé serait le voleur. En vérité je voudrais que tu aies dit vrai, car il serait évident pour moi que le remède serait dans le mal lui-même et que les voleurs ne tarderaient pas à abandonner une industrie aussi ingrate. »

« Quant au deuxième mobile que tu prêtes à nos populations pour expliquer leur silence à l'endroit des voleurs, celui de la secrète joie que leur cause les entreprises contre les intérêts français, voyons ce qu'il faut en penser. S'il est vrai, tu devras reconnaître qu'il n'expliquerait le silence que lorsqu'il s'agirait d'actes commis

---

(1) On appelle bechir celui qui offre contre récompense qu'il fixe, de faire retrouver les objets volés dont il dit avoir découvert la piste et bechara la récompense qui lui est promise. Le bechir est presque toujours un affilié des voleurs. Dans la province de Constantine toute bande de voleurs a son bechir. Dans la province d'Alger et l'est de la province d'Oran, l'industrie des bechirs est moins générale. Elle est rare dans l'Extrême-Ouest.

contre les européens. Or, consulte tes registres et ceux de tous tes collègues et tu reconnaîtras en prenant au hazard cent attentats commis contre des européens et cent attentats commis contre des indigènes que la proportion des instructions qui ont abouti est plus élevée pour les cent premiers que pour les cent autres, tandis qu'il devrait en être autrement si ton hypothèse était fondée. Eh ! ne sais-tu pas pourquoi les attentats contre les européens ont quelques chances de plus d'être découverts que ceux commis contre des indigènes, c'est que tous nous nous préoccupons davantage de ceux-là, vous par des raisons fort naturelles et que tout le monde comprend, nous parce que nous sentons que dans de semblables affaires, nous avons à faire preuve de zèle. »

« Et cependant tu as raison quand tu parles d'une quasi-conspiration du silence ; tu ne te trompes que quant aux causes. La vérité la voici : nous vivons sous le régime d'une universelle terreur à l'endroit des bandits contre lesquels vous êtes non pas impuissants mais incapables de nous protéger : et c'est cette terreur qui trop souvent nous ferme la bouche. L'emploi universel du système des becharas dans ce pays ne vous prouve-t-il pas assez combien peu nos populations comptent sur l'efficacité des recherches judiciaires ? Avec le bechir on a du moins de grandes chances de retrouver son bien contre un salaire déterminé. On s'en tire à meilleur compte. Que si au contraire on vient trouver la justice et si on seconde ses efforts, le pis qui puisse arriver pour le malheureux volé, c'est que le coupable soit découvert après six mois ou huit mois de prison, celui-ci reviendra dans la tribu avec une vengeance à satisfaire et le volé de la veille risquera fort d'être assassiné à la prochaine occasion.

» Quant à retrouver les objets volés qu'il n'y compte en aucun cas dès que vous en mêlerez. Il va de soi que les bechirs ne feront plus leurs offres de service et quant à se porter parties civiles, les volés s'en garderont bien .

de peur d'être après acquittement, condamnés aux frais du procès. D'ailleurs leur donneriez-vous un jugement, que celui-ci serait sans valeur. Un voleur est rarement solvable et le serait-il que le paiement de vos frais de justice absorberait son avoir.

» Sachez-le bien tous, ajouta le vieux cheik après une courte pause, et toi ne m'en veuilles pas de ce que je te dis la vérité. La situation actuelle est votre fait et votre faute. Ce que nous vous reprochons ce n'est pas de découvrir trop rarement les crimes, — nous savons combien la chose est difficile, — c'est quand vous les avez découverts de ne sévir qu'avec la plus étrange mollesse. Votre système d'emprisonnement est détestable. Dès que vous avez convaincu un indigène de vol, enlevez-le, transportez-le dans les pays d'où l'on ne revient pas et que plus jamais on n'en entende parler. Sachez d'ailleurs que vous n'aurez jamais affaire qu'à de véritables récidivistes, car c'est bien le moins s'il n'a pas commis trente-neuf vols avant de se faire prendre au quarantième.

» En vérité, que craignez-vous et pourquoi ce que je dis vous ferait-il peur? Mettez les choses au pire et qu'il vous faille enlever ainsi la vingtième partie, la dixième partie de nos populations. Ne sentez-vous que les neuf dixièmes qui restent vous remercieront sincèrement d'avoir assuré désormais toute sécurité à leurs biens et à leurs personnes. Partout où il existe des propriétaires, sachez-bien que le voleur est redouté et réprouvé. Plus encore que la sécheresse, il est le fléau que nous redoutons tous, nous comme vous. Vous êtes forts, vous avez des vaisseaux, vous avez des colonies lointaines et vous ne nous délivrez pas !

» Mais cela est peu : par la plus singulière des contradictions, vous qui vous apitoyez sur les bandits pour qui vous redoutez les rigueurs de l'exil, vous songez à appliquer une mesure qui frappera la totalité de la population et confondra dans la répression les volés avec les voleurs. Et que voulez-vous que nous pensions de vous après cela, et de vos sentiments de justice ? »

Les arguments du cheik avaient tout au moins éveillé le doute en mon esprit. Ils n'étaient certes pas les seuls que l'on pût invoquer. Le lecteur ne m'en voudra pas si, dans une matière aussi grave, je m'efforce de mettre en lumière tous les côtés de la question :

Constatons tout d'abord l'injustice réelle qu'il y aurait à rendre seule responsable de l'état actuel d'insécurité de l'Algérie la population indigène. Plus grande encore serait l'injustice qui engloberait dans la même suspicion la totalité des indigènes. Il faut, en effet, tenir compte de l'appoint que ce que l'on est convenu d'appeler l'armée roulante apporte à la criminalité. Il faut encore remarquer que si l'instinct du vol est développé à un point extrême dans la majeure partie des populations indigènes, d'autre part il est des cantons, — il en est un au moins, celui de la Grande-Kabylie, — où le vol est plus rare qu'en aucun pays d'Europe. Fera-t-on à ceux-ci l'honneur mérité de ne les point placer sous le régime de la Responsabilité collective ?

J'ai dit que la tâche du juge d'instruction était fort pénible et difficultueuse en Algérie. Veut-on savoir en quoi l'application du principe de la Responsabilité collective la rendra plus facile ?

Actuellement quand une plainte en vol est portée la sincérité du plaignant ne peut guère être mise en doute ni la réalité du vol contestée. Quel intérêt aurait eu le plaignant à simuler un vol commis à son préjudice ? Mais que demain le principe de la Responsabilité collective soit proclamé et, *ipso facto* le juge d'instruction deviendra défiant. J'ai, quant à moi, de mes compatriotes une excellente opinion que je crois d'ailleurs méritée, mais en vérité pourrais-je affirmer que sur les quatre cent mille Européens qui peuplent la colonie, aucuns ne seront capables de simuler un vol pour obtenir indemnité de la tribu voisine. J'ai bien peur, je l'avoue, que le plus clair résultat de l'application de la mesure, soit de créer un nouveau genre d'escroqueries: l'escroquerie à la Responsabilité collective.

Voilà donc une difficulté inattendue dès le début de l'instruction, difficulté presque toujours insoluble, car comment le volé prouvera-t-il que le vol a eu lieu autrement que par sa déclaration et si celle-ci est mensongère comme le juge l'établira-t-il ?

Mais c'est peu : rarement les témoignages se produisent de prime abord devant le magistrat instructeur; c'est généralement le chef de douar ou de tribu qui, tout d'abord les recueille et les signale au juge en sorte que celui-ci n'en a le plus souvent qu'une réédition. Or quelle plus belle occasion pourrait être offerte aux chefs indigènes, désormais tenus de découvrir tous les criminels, de se défaire, en les dénonçant comme tels, de leurs ennemis propres, et ce, avec d'autant plus de quiétude que la crainte de la Responsabilité collective ferait bon gré mal gré, des hommes de la tribu autant de complices.

Et qu'on ne m'accuse pas de forcer la note et qu'on n'objecte pas que la Responsabilité collective ne sera appliquée qu'avec discrétion. *Si son application est rare et exceptionnelle, son effet sera nul ou inefficace. Si au contraire son application est fréquente et générale, la terreur qu'elle inspirera — terreur sur laquelle comptent précisément les partisans de la Responsabilité collective, — assurera une pleine liberté et le bénéfice d'une complaisance générale à toutes les délations.*

On sait combien intenses, — dans les populations berbères surtout, — sont les luttes de çof. Quelle occasion inespérée s'offrira dès lors au çof le plus nombreux, de supprimer le çof de la minorité en faisant condamner au bagne ceux qui le composent. Qu'on se rappelle l'adage kabyle : « *Ouïmek aïoun ith idhelem nir'medhloum —* aide les tiens qu'ils aient tort ou raison. »

Conçoit-on maintenant combien plus difficile deviendra la tâche du juge d'instruction et n'y a-t-il pas lieu de craindre qu'au lieu d'augmenter les chances de découvrir les criminels, l'application de la Responsabilité collective n'ait au contraire pour résultat de diminuer les chances déjà si faibles que l'on a d'arriver à la vérité?

Ce n'est pas tout : supposons qu'après avoir discerné péniblement le vrai du faux, soit dans les déclarations suspectes du plaignant, soit dans les dépositions intéressées des témoins, le juge arrive à prononcer la culpabilité de quelque indigène. A qui sera réservé le droit d'apprécier s'il y aura lieu d'appliquer la Responsabilité collective et dans quelle mesure? Sans doute l'autorité administrative sera chargée de le décider. De quelles garanties sera entourée cette décision? Le Conseil du Gouvernement sera-t-il entendu ? Mais qu'on songe que la question se posera peut-être deux ou trois mille fois par an, et conçoit-on deux mille rapports de plus au Conseil du Gouvernement. Voudrait-on accabler les Préfets d'une pareille besogne ? Mais les préfectures sont déjà surchargées? Sans nul doute le soin d'instruire ces sortes d'affaires retombera sur les administrateurs locaux et ceux-ci, en butte d'une part aux obsessions de ceux qui, victimes du vol commis, solliciteront l'application d'une mesure qui leur assurerait indemnité, de l'autre aux supplications des populations qui seront menacées de responsabilité collective, maudiront vingt fois le législateur qui leur aura créé une situation si pleine de difficultés, si délicate pour leur conscience, si préjudiciable enfin au caractère qu'ils doivent avoir vis-à-vis des indigènes, surtout en pays berbère celui d'hommes de justice et de conciliation.

Eh ! D'ailleurs est-on bien sûr que cette tâche que l'on voudrait leur imposer ne soit que difficile ? N'est-il pas à craindre qu'elle soit impossible ?

Sur quoi en effet se basera l'administrateur pour apprécier la mesure dans laquelle il conviendra d'appliquer la Responsabilité collective. Sur le dossier des débats judiciaires sans doute ; mais n'y a-t-il pas lieu de craindre que l'étude de ce dossier ne l'amène à une conviction tout opposée à celle du juge et ne lui fasse tenir pour innocent, celui que le juge aura déclaré coupable ? N'y a-t-il donc pas assez d'occasions de conflits entre le service judiciaire et le service administratif qu'on veuille en créer encore une inépuisable mine.

Arrivé à ce point de la discussion, je ne sais ce que pensera le lecteur qui aura bien voulu me suivre dans le développement de ma pensée. Du moins me reste-t-il encore une dernière raison à lui donner, la plus grave, sans nul doute, et celle, par conséquent, sur laquelle je le prie d'arrêter particulièrement sa pensée.

S'il est certain que la transportation des bandits ne mécontenterait que ceux-ci, il est encore plus certain que l'application du principe de la responsabilité collective mécontenterait tous les indigènes. J'entends *tous*, c'est-à-dire deux millions sept cent mille âmes. Croit-on de bonne foi que ce soit là, dans le problème, un élément négligeable ?

A l'heure où s'élabore sourdement, sur tous les points du vieux monde, la lutte prochaine entre ce qui est islamique et ce qui ne l'est pas, le moment est-il propice pour irriter ainsi une telle masse de populations, exaspérant la haine que les uns nous portaient déjà, décourageant chez les autres l'esprit de soumission et d'obéissance et les rejetant tous ensemble, pêle-mêle, dans les rangs ennemis ? Ah ! bien lourde serait, en pareille occurrence, la responsabilité qu'assumerait le législateur !

Eh bien ! non. Si l'Algérie demande avec raison qu'on assure chez elle aussi bien la sécurité politique que celle des particuliers, il faut bien reconnaître que la solution n'est pas dans la responsabilité collective des tribus. Bien au contraire craindrai-je, quant à moi, d'y voir le signal d'une lutte sanglante, sans fin ni merci, dans le goût peut-être de nos adversaires, mais à coup sûr indigne de nous, — lutte impitoyable dont les incidents se dérouleraient avec un enchaînement inéluctable jusqu'au moment où, dans un formidable désespoir contre la civilisation devenue barbarie, tout un peuple tenterait un effort suprême. J'en ai connu et rencontré, je dois l'avouer, qui, plus inconscients, il est vrai, qu'inexorables, entrevoyaient froidement pareille éventualité. Quant à moi, j'aime trop mon pays pour ne pas redouter de toute mon âme de voir jamais s'engager dans un aussi formidable *alea*, soit la fortune, soit l'honneur de la France.

CONCLUSION

J'ai fini ce travail, — trop long, sans doute, au gré du lecteur, — et voici, résumées, les conclusions auxquelles je m'arrête :

J'estime que pour assurer, en Algérie, tant la sécurité des particuliers que la sécurité politique, il faudrait :

1° Éviter soigneusement d'accroître l'armée des prolétaires indigènes, et, si possible, la diminuer par les procédés indiqués au Chap. IV.

2° En pays arabe, favoriser l'antagonisme entre les chefs indigènes et les marabouts; interdire les ziaras, les collectes, les manifestations extérieures du culte dès qu'elles revêtent un caractère bruyant, les promenades maraboutiques; contrarier le plus possible l'organisation des pélerinages et l'enseignement des zaouïas.

3° En cas d'insurrection, dénoncer à la tribu insurgée la capitulation de 1880, et, dès ce moment, lui interdire le Coran en supprimant par la transportation tous les tolbas sans exception qui seraient ou tenteraient de pénétrer chez elle.

4° Éviter toute mesure qui pourrait étendre l'influence des chefs indigènes hors des limites géographiques où elle s'exerce déjà, ou l'augmenter en intensité.

5° En pays kabyle, supprimer radicalement tout intermédiaire indigène entre l'administration et l'administré.

6° Ouvrir des routes, creuser des fontaines, ouvrir des écoles, respecter le libre jeu des institutions démocratiques et communales si chères aux Kabyles ; respecter les Kanouns, même ceux qui sont immoraux, et n'améliorer ces derniers qu'avec prudence et sans précipitation.

7° Ruiner radicalement et immédiatement ce qui peut rester encore en Kabylie d'influence maraboutique par la suppression de toutes les zaouïas et l'obligation de la fréquentation de nos écoles par les enfants kabyles et par l'interdiction absolue et sévèrement punie de la mendicité sous couvert religieux.

Dans l'un et l'autre pays :

8° Promulguer un Code spécial de l'indigénat pour les crimes et les délits, comme il a été fait pour les contraventions.

9° N'appliquer d'autres peines que les cinq suivantes : pour les crimes de toute sorte : 1° la mort; 2° Cayenne à perpétuité, soit comme forçat, soit comme colon; 3°

transportation perpétuelle comme colon dans une île lointaine ; pour les délits : 1° chantiers publics ; 2° amende.

10° Transportation en masse des groupes sociaux pervertis, tout au moins leur désagrégation et leur dissémination avec internement spécial de chacun de leurs membres.

Quant à l'application de la responsabilité collective, je n'ai pas cru pouvoir dissimuler combien j'en redoute les conséquences aussi bien pour la France que pour l'Algérie.

Camille SABATIER.

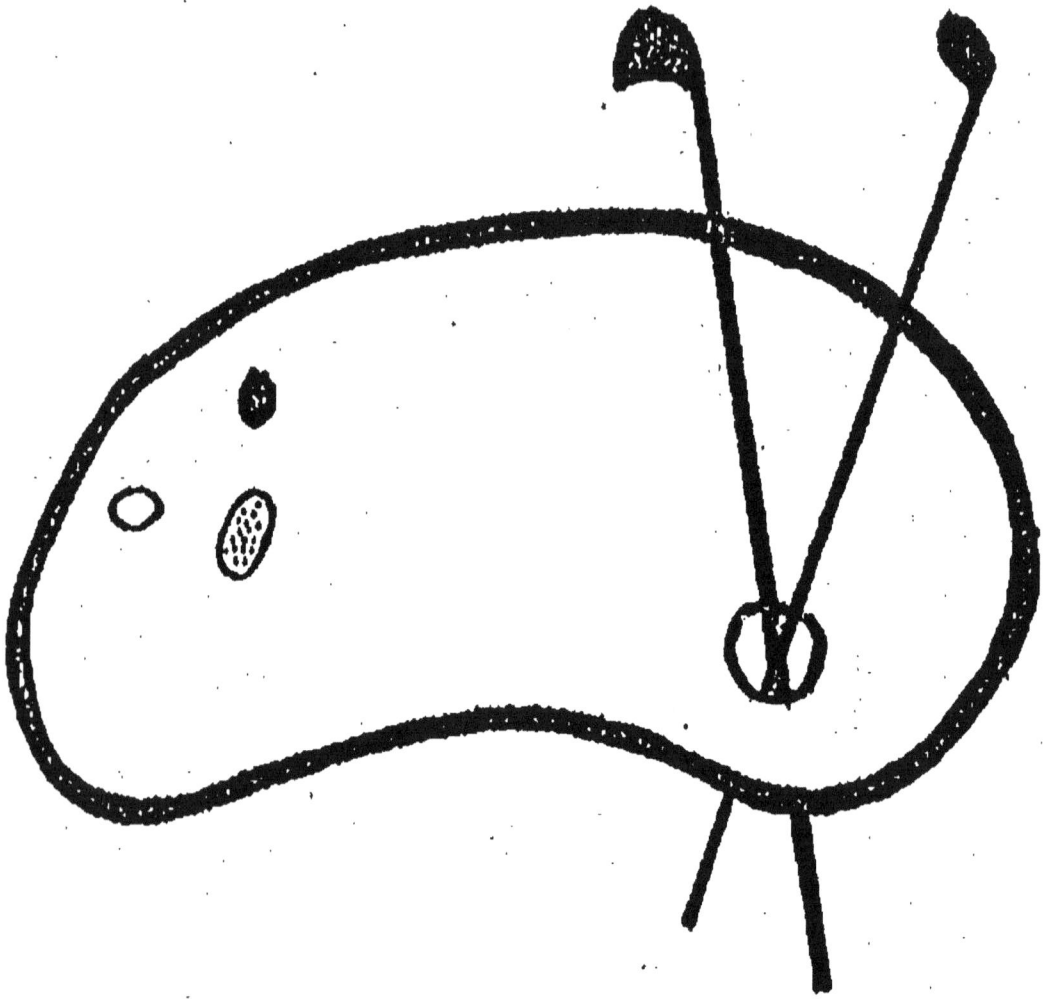

ORIGINAL EN COULEUR
Nº Z 43-120-8

www.ingramcontent.com/pod-product-compliance
Lightning Source LLC
Chambersburg PA
CBHW070932280326
41934CB00009B/1848